AF242823

NOTICE NÉCROLOGIQUE

SUR LE DOCTEUR

PLATON VALLÉE

« Les pauvres seront mes
derniers malades. »

LE MANS

IMPRIMERIE MONNOYER, PLACE DES JACOBINS

1856

NOTICE NÉCROLOGIQUE

SUR LE DOCTEUR

PLATON VALLÉE

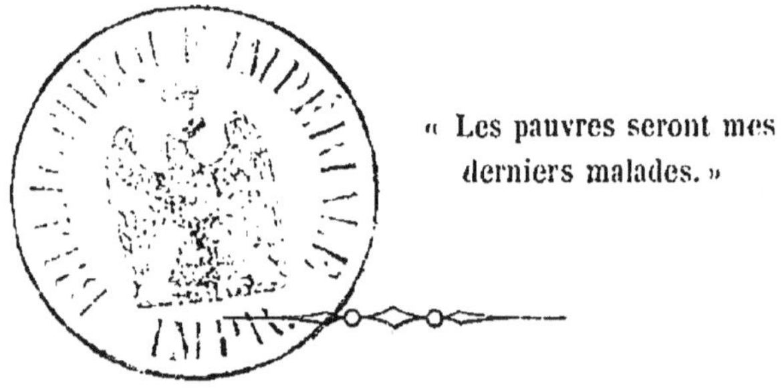

« Les pauvres seront mes
derniers malades. »

Le 14 juillet 1856, vers deux heures de l'après-
midi, une rumeur sinistre se répandit dans la ville,
et pénétra, avant la fin de la journée, dans les
quartiers les plus éloignés et dans les plus hum-
bles demeures où elle causa une véritable conster-
nation. Après une cruelle maladie, dont la population tout entière avait suivi les alternatives avec
une douloureuse anxiété, le bon, le savant, le cha-
ritable docteur, celui que la reconnaissance publique se plaisait à désigner sous le nom de médecin
des pauvres, Platon Vallée, venait d'être enlevé à

1857

la ville et au département dont il avait été un des
plus nobles et des plus utiles enfants! Aux larmes
de sa famille et de ses nombreux amis , se mêlè-
rent bientôt les regrets de tous ceux auxquels par-
venait la fatale nouvelle. Dans toutes les classes de
la société, chez le pauvre comme chez le riche,
c'était à qui redirait les éminentes qualités , les
rares vertus de l'homme qui avait marqué chaque
jour de sa vie par une bonne action : la bonté , en
même temps que la fermeté de son caractère ; les
charmes de l'esprit le plus orné et les trésors d'une
science en quelque sorte encyclopédique unis à une
modestie qui semblait ignorer son mérite ; un dévouement aux grands intérêts du pays et à ceux
de la cité qu'aucune des amertumes qui ne lui
furent pas épargnées n'avait eu le pouvoir d'at-
tiédir ; un désintéressement qui ne pouvait être
égalé que par le zèle de son inépuisable charité ;
une sensibilité profonde, mais tempérée par les lu-
mières de la raison ; une tendresse de cœur prodi-
gue de consolations pour toutes les afflictions de
l'âme et du corps, ingénieuse à inspirer le courage
et l'espoir à ceux-là même dont il savait que la
science était impuissante à soulager les maux.
Hélas! tous ces mérites, toutes ces vertus n'étaient
déjà plus qu'un souvenir !

Né le 27 mai 1794, dans la commune de Roucz-
en-Champagne, Platon Vallée venait d'entrer dans

sa soixante-troisième année , et quelques semaines
avant sa mort, dans un de ces rares moments de
répit que lui laissait la maladie et qui remplissaient
les cœurs de ses amis d'un espoir dont la décep-
tion devait être si prompte, il célébrait en famille
l'anniversaire de sa naissance. Il se plaisait à jeter
un regard rétrospectif sur les heureuses années de
son enfance et de sa jeunesse. Il aimait à rappeler
que sa naissance avait précédé de deux mois la
journée mémorable du 9 thermidor. Les tranquilles
années qui suivirent cette terrible époque avaient
laissé une douce et ineffaçable trace dans les souvenirs de Platon Vallée , et il y avait un grand
charme à lui entendre raconter, dans ce langage
animé qui lui était propre, les épisodes de sa vie
enfantine et de sa première éducation.

C'est dans l'humble village de Neuvillette, sous
l'aile du bon curé Vallée, son oncle , prêtre aima-
ble et savant autant que modeste , que son intelli-
gence reçut la première culture et les notions élé-
mentaires des études littéraires qui, avec la musique,
devaient rester toujours les plus chers passe-temps
de ses rares loisirs et sa consolation dans les peines
de la vie (1).

(1) L'abbé Vallée avait reçu, dans sa jeunesse, des leçons
de musique et de contre-point de Lesueur, auquel, en
échange, il expliquait les textes sacrés, alors que ce célèbre
compositeur dirigeait la maîtrise de la cathédrale du Mans.

En 1805 . Platon Vallée entra au collège de
Vendôme où le suivit un frère qui ne devait le
quitter que pour aller tomber dans les plaines gla-
cées de la Russie. Cet établissement, dès longtemps
célèbre, florissait alors sous l'habile direction des
prêtres de l'ancienne et docte congrégation de
l'Oratoire. On y remarqua tout d'abord, en même
temps que le mérite et l'efficacité des soins de
l'excellent curé , la rare aptitude de l'écolier de
Neuvillette. Les nombreux et brillants succès qu'il
y obtint ont laissé de durables souvenirs, et le collège de Vendôme cite encore avec orgueil le nom
de Platon Vallée à côté de ceux du duc Decazes,
de Dufaure et de Balzac.

A peine sorti du collège , ses solides études et
son incontestable supériorité le faisaient triompher
d'une redoutable concurrence et lui ouvraient ,
en 1811, les portes de l'École normale , une des
belles institutions que la France doit au génie de
Napoléon. Platon Vallée y fut le condisciple des
Dubois, des Patin, des Cousin et des principales
illustrations scientifiques et littéraires de cette
brillante génération. Pour prendre le même essor
que ses émules, il ne lui manqua que ce dont il fut
toujours dépourvu, l'ambition. Mais pour lui, l'enseignement n'était qu'une voie transitoire imposée
à sa véritable vocation par la nécessité des circonstances et qui ne pouvait lui faire perdre de vue

cet art de guérir vers lequel gravitaient toutes ses aspirations, comme s'il eût pressenti, sinon la belle et pure renommée qu'il lui réservait, du moins le bien qu'il lui permettrait de faire. L'enseignement des sciences fut d'ailleurs pour lui comme le complément des études plus spéciales auxquelles il était impatient de se livrer tout entier. Son court passage au collége de Lorgues (Var), en laissant d'honorables regrets dans la carrière qu'il devait abandonner sitôt, lui créa des amitiés qui lui ont été fidèles jusqu'au dernier jour. Platon Vallée ne quitta pas sans émotion ces belles contrées et ces chaleureuses amitiés méridionales sur le souvenir desquelles il revenait avec bonheur dans ses causeries intimes.

L'année 1814, qui rendit la paix à la France et dota le pays des institutions à l'ombre desquelles il a vécu trente ans, permit enfin à Platon Vallée, de se livrer sans partage aux fortes études qu'il n'avait ajournées qu'à regret, et le jeune professeur quitta sa chaire avec joie pour redevenir écolier sur les bancs de la savante Faculté de Médecine de Paris. Il débuta dans cette carrière de son choix par un douloureux mais honorable apprentissage. Ainsi qu'un grand nombre de ses condisciples, dont le cœur battait du double enthousiasme de la science et du patriotisme, il s'était mis à la disposition des chirurgiens des hôpitaux qui, après les désastres de la campagne de France , ne suffisaient pas au pansement des glorieuses blessures de nos soldats. C'est ainsi qu'il commença cette vie qu'il voulait consacrer tout entière au soulagement de ses semblables.

Pendant six années, dont pas un seul jour ne fut perdu pour des travaux souvent pénibles, quelquefois dangereux, les illustres professeurs Boyer, Pinel, Dubois, Richerand, Chaussier, Dupuytren, le remarquèrent au nombre de leurs disciples les plus assidus et les plus distingués.

Après de si longues et si persévérantes études, après tant d'épreuves décisives, pourvu, le 30 septembre 1820, du diplôme de docteur, obtenu à la suite d'un brillant examen et d'une lumineuse dissertation sur *les circonstances qui s'opposent à l'emploi des principales classes de médicaments*, le jeune médecin hésitait encore à se lancer dans la pratique d'une science dont la théorie n'avait plus de secrets pour lui, tant il lui semblait que c'était une mission difficile et remplie de périls que celle dont dépendaient la vie et la mort, tant il lui paraissait téméraire de s'imposer à la confiance d'une clientèle dans l'exercice d'un art si conjectural quand il n'est pas éclairé du flambeau de l'expérience.

Les rares qualités de son esprit, son instruction, la distinction native et l'aménité de ses manières, le don de la conversation et ce ton de bonne com-

pagnie qu'il possédait à un degré si remarquable,
eussent assuré à Platon Vallée une position aussi
brillante qu'honorable à côté des praticiens les plus
en renom de la capitale ; mais, quelque séduisante
que fût cette perspective, rien ne pouvait balancer
pour lui le bonheur du retour au pays, au milieu
d'une famille qu'il chérissait, et de ses concitoyens
dont il allait bientôt conquérir la haute estime et
l'affection.

« Dès ses premiers pas dans la pratique médicale, Platon Vallée fut accueilli par une grande sympathie et ne tarda pas à y conquérir le rang élevé
que lui assuraient, du reste, la variété et la solidité
de ses connaissances. Bientôt il se trouva chargé
d'une clientèle considérable, attirée d'abord par la
renommée, qui déjà retentissait autour du jeune
praticien, puis fixée par la bienveillance et l'amabi-
lité de ses manières, par l'atticisme si pur, si fin,
si distingué, si attrayant de son esprit.

« Comme médecin, P. Vallée mérita au plus haut
titre toute la faveur, toute la confiance dont il a été
entouré par ses concitoyens. Comme homme, quelque grande que soit sa réputation, quelque appré-
ciées que soient ses heureuses qualités et ses hautes
vertus, l'estimation est toujours restée au-dessous
de la réalité. Il n'a été donné qu'à un petit nombre
de personnes, et d'amis surtout, de pouvoir sonder
les trésors de son cœur. Ses amis, ses confrères, ses

malades pouvaient y puiser largement sans crainte d'en tarir la source. Toujours plein de dévouement, ses confrères, jeunes ou vieux, ne lui ont jamais adressé d'appel inécouté. Les malades, pauvres ou riches, ont toujours pu compter sur ses ressources ou ses consolations. Pressé par ses amis de prendre un peu de repos et de se démettre de ses fonctions de médecin des pauvres : *Les pauvres*, dit-il, *seront mes derniers malades*. Que de charité, que d'abnégation, que de vertus dans sa longue pratique médicale! Philosophe et résigné par nature, on n'entendit jamais de lui ni plaintes, ni récriminations contre les monstrueuses ingratitudes qui viennent si souvent détruire les illusions affectueuses du médecin.

« Les témoignages de confiance, de sympathie, de haute estime que le corps médical de la Sarthe s'est plu à lui décerner en toute occasion, prouvent assez que le jugement du monde était amplement ratifié par ses confrères. Délégué par ceux-ci au congrès médical de Paris, président presque constant de la Société de médecine de la Sarthe, de l'Association médicale de la Sarthe et de toutes les réunions médicales dont il faisait partie, il s'est toujours fait remarquer par la lucidité de son esprit, la rectitude de son jugement et la sagesse de sa parole. Esprit doux et conciliant, il est toujours heureusement intervenu dans ces petites querelles

d'amour-propre, ces petites rivalités qui, mal prises,
peuvent quelquefois diviser sérieusement deux confrères également honorables. Il était l'arbitre par
excellence..... Sa place restera longtemps vide au
milieu de nous.

« P. Vallée, par la facilité de son esprit, par la
variété de ses connaissances, était apte à remplir
un grand nombre de fonctions diverses; nous le
voyons pendant vingt ans au Conseil municipal de
la ville, au Conseil d'arrondissement où l'appellent
les suffrages de ses concitoyens librement exprimés.

« Nommé à l'administration de l'Asile de la
Sarthe, au début de cette pieuse fondation, il con-
tribue à la diriger dans la voie prospère où nous la
retrouvons aujourd'hui.

« Médecin du bureau de bienfaisance, membre et
l'un des fondateurs de la Société philharmonique
qu'il devait présider plus tard, membre du Conseil
de salubrité et d'hygiène, l'un des quatre médecins
de l'Hôtel-Dieu du Mans, l'un des fondateurs de
la Société de médecine et de l'Association médicale :
dans toutes ces positions si diverses, Vallée a laissé
d'impérissables souvenirs (1). »

(1) Ainsi s'exprimait le digne confrère et l'ami dévoué,
M. le docteur Lecouteux, qui, avec M. Edom, ancien recteur
de l'Académie de la Sarthe, avait voulu apporter un suprême
et solennel hommage sur la tombe de l'homme de bien et du
bienfaiteur des pauvres.

Le dévouement infatigable du médecin aux soins de ses nombreux malades et de la clientèle des indigents qui, chaque jour, se pressaient à la longue consultation d'où pas un seul ne sortait sans être soulagé ou réconforté, ne laissait point Platon Vallée indifférent pour des intérêts d'un ordre sinon plus élevé, du moins plus général. A une époque d'agitations politiques où il était difficile de ne pas adopter une bannière, Platon Vallée se jeta résolûment dans la lutte ; il y défendit, en homme de cœur et avec l'ardeur d'une conviction profonde, les principes qui lui semblaient alors la plus ferme garantie de l'ordre social ébranlé. En 1839, il était membre du Conseil municipal lorsqu'éclatèrent au Mans des troubles dont la cherté des grains fut le prétexte, et dans lesquels le pouvoir, mal défendu, subit de déplorables atteintes. On ne devait pas douter de rencontrer Platon Vallée au premier rang des hommes courageux qui, au milieu de l'effervescence populaire, luttèrent et protestèrent, avec une énergie malheureusement impuissante, contre cette funeste défaillance de l'autorité.

L'ordre enfin rétabli, la reconstitution de l'administration municipale présentait de grands embarras. Au milieu de la gravité des circonstances, on ne pouvait confier les importantes fonctions de maire qu'à un homme dont la fermeté unie à la modération, le dévouement et la capacité, fussent dès longtemps éprouvés. Entouré de l'estime et de l'affection générales, Platon Vallée semblait être l'homme de la situation. Cette situation était difficile, elle pouvait devenir périlleuse : aussi n'hésita-t-il pas à s'y dévouer corps et âme; mais il ne voulut accepter que le titre de maire provisoire. Son court passage aux affaires fut marqué par la sagesse de son administration, et, aussitôt que les circonstances le permirent, il s'empressa de déposer l'autorité qu'il n'avait temporairement exercée que pour lui rendre la force et la considération, conditions indispensables de son existence.

Quelques années après, il acceptait encore les fonctions d'adjoint, mais après s'en être longtemps défendu, et pour les résigner bientôt, non sans avoir rendu, au milieu des désastres de l'inondation de 1846, des services que les habitants des quartiers les plus exposés n'ont point oubliés.

Le besoin d'un repos laborieusement acquis se faisait sentir pour lui; les circonstances ne semblaient avoir plus rien à exiger désormais de son dévouement; la prospérité générale réagissait nécessairement sur l'ordre et le bien-être de la cité, et rien ne faisait pressentir alors la terrible catastrophe qui, moins de dix-huit mois après, allait fondre sur le pays. Platon Vallée donna sa démission vers la fin de l'année 1846 et rentra avec bonheur dans la tranquille obscurité de la vie

privée, qui convenait si bien à ses habitudes stu-
dieuses et à sa modestie.

Cependant le Conseil général de la Sarthe
l'ayant appelé, en 1849, à faire partie du Conseil
académique, il ne crut pas pouvoir refuser son utile
concours à l'enseignement auquel il s'honorait toujours d'avoir appartenu. Ce nouvel appel à son
dévouement retrouva en lui un zèle et une activité
que les années n'avaient point ralentis et qu'on
n'invoquait jamais en vain, lorsqu'il y avait un
service à rendre ou un devoir à remplir. Le décret
qui organisa l'instruction publique sur de nou-
velles bases permit enfin à Platon Vallée de se
renfermer exclusivement dans ses attributions
médicales, dont il ne crut pas sortir, quelques
années après, en secondant l'initiative de l'autorité
administrative et en prenant une part considérable
à l'établissement de la médecine gratuite des pauvres dans le département (1).

(1) « La perte que le corps médical a faite cette année,
dans la personne de M. Platon Vallée, est toujours présente
à nos souvenirs. Nous prisions tous son esprit judicieux,
nous estimions tous l'honorabilité de son caractère, et nous
aimions tous la bonté de son cœur. M. Vallée prit une part
active à la création de la médecine cantonale; ce fut en quelque sorte sous son patronage que la nouvelle institution fut
placée; il s'y dévoua tout entier. Président du comité consultatif, il en dirigea les premiers travaux avec cette habileté et
cette sûreté de jugement que nous lui reconnaissions tous,

Les premiers jours de 1852 furent marqués pour lui par un affreux malheur, la perte d'une épouse, digne compagne d'un homme si excellent, et modèle de toutes les vertus conjugales. Ce coup le frappa au cœur d'une incurable blessure, et, de ce jour funeste, date une suite de douleurs physiques qui n'étaient que le reflet des souffrances de son âme, mais auxquelles l'œil de la science reconnaissait avec effroi une profonde et irrémédiable altération de tout l'organisme. Se manifestant sous des formes diverses et à des intervalles toujours plus rapprochés, le mal suivait sa marche impitoyable. Lui-même l'observait en silence et voyait s'approcher le terme fatal sans que la fermeté de son âme et la sérénité de son esprit en fussent troublés. Jusqu'à son dernier jour, il

Mais cette direction nous fit bientôt défaut ; malade, il ne pouvait plus assister à nos réunions que de loin en loin, et pourtant il s'occupait toujours des affaires les plus importantes. Trop faible pour nous recevoir, il nous écrivit une longue lettre dans laquelle il établissait et discutait les bases du rapport que M. le Préfet nous avait demandé pour être soumis au Conseil général. Ce fut un dernier éclair de cet esprit distingué ; trois jours après, nous pleurions sur la tombe de M. Vallée un ami dévoué, un confrère vénéré. Les pauvres, venus en foule, y pleuraient aussi le père et l'ami qu'ils venaient de perdre. »

(Extrait du rapport du Comité consultatif sur le service médical gratuit, inséré au Recueil des Actes administratifs de la Préfecture, *nᵒ 64. Décembre 1856.*

s'efforçait de dissimuler aux yeux de ceux qui lui étaient chers la vérité qui lui apparaissait avec sa terrible certitude; et lorsque déjà des symptômes auxquels il ne pouvait se tromper lui avaient fait comprendre que la mort était proche, il devisait doucement avec ses enfants sous les ombrages de son jardin.

Encore quelques heures, et Platon Vallée rendait à Dieu sa belle âme, dans les bras de ses enfants bien-aimés, au milieu des larmes de tous les siens et soutenu par les suprèmes consolations de la religion.

Quelques lignes empruntées au journal *l'Union de la Sarthe* donneront une idée de l'unanimité des regrets causés, dans toutes les classes de la population du Mans, par la mort du docteur Vallée, ainsi que de la grande et touchante manifestation dont ses funérailles furent l'occasion :

« Hier, c'était jour de deuil dans la cité : notre ville entière pleurait un de ses meilleurs, un de ses plus dignes enfants. C'est que M. Platon Vallée n'était pas seulement un homme éminent par sa science; il avait toutes les qualités d'un grand citoyen, toutes les vertus qui caractérisent le vrai sage, le philosophe chrétien, et une rare élévation d'esprit. A une droiture peu commune, qui fut le guide de toute sa vie, il joignait la sensibilité la plus exquise. Ceux qui ont eu le bonheur de l'ap-

procher , et le nombre en est grand , savent com-
bien son commerce était agréable ; il écoutait tout
le monde avec cette indulgence que donnent l'expérience et la longue pratique des hommes ; et, en
toutes choses, il apportait une telle douceur de
caractère, une si grande bienveillance de formes,
que, même dans ses desseins les plus résolus , ce
qui était fermeté chez lui avait comme une appa-
rence de faiblesse.

« Recherché , aimé et estimé de tous , dans
l'exercice de l'honorable profession à laquelle il
s'était voué et dont il fut l'une des gloires, il avait
cependant des préférences : son âme compatissante
le portait, par une sorte de prédilection, vers les
malheureux, et depuis longtemps la reconnaissance
publique l'avait décoré du beau nom de *médecin des
pauvres*, sous lequel il était vulgairement désigné.

« Le recueillement et la tristesse de cette foule
immense qui l'a conduit à sa dernière demeure, et
dans laquelle étaient confondus toutes les classes,
tous les rangs , toutes les opinions, disent assez
quelle perte la ville du Mans a faite en perdant
M. Platon Vallée.

. . . .

« M. Platon Vallée est décédé dans sa soixante-
troisième année; il n'a eu toute sa vie d'autre ambition que d'être utile à ses semblables , et , en
voyant le convoi de ce mort si regretté , accompa-

gné par toute une population, on pouvait s'étonner, sans doute, que le signe de l'honneur ne brillât pas sur le cercueil de celui qui, de son vivant, en avait été le plus parfait modèle. »

Il y aurait injustice à ne pas ajouter ici que l'absence de ce signe de l'honneur auquel Platon Vallée avait de si incontestables titres, ne devait être attribuée qu'à son extrême modestie. A trois reprises différentes, sous le règne de Louis-Philippe, sous le régime républicain et sous le gouvernement impérial, les préfets du département de la Sarthe, qui professaient pour le docteur Vallée les sentiments de la plus profonde estime, avaient voulu appeler sur lui une distinction si bien méritée ; mais leurs vives instances n'avaient pu triompher de ses refus.

Cette circonstance, unique peut-être à notre époque, et dont tant d'autres auraient fait trophée, n'a été révélée qu'après sa mort.

Impr. Monnoyer.